Kleine Edition 36

HERVÉ GUIBERT

ZYTOMEGALIEVIRUS

Krankenhaustagebuch

Aus dem Französischen von Hinrich Schmidt-Henkel

August Verlag

INHALT

17. September

Vermurkste Sicht auf dem rechten Auge; Probleme beim Lesen. Musik gehört: noch nicht taub.

18. September

Eine junge Frau, irgendwie asiatisch, sehr schönes Gesicht, geschminkt, liegt irgendwo in einem Flur in der Radiologie halb weggetreten auf einer dort abgestellten Fahrtrage, sehr rote Lippen und etwas am entblößten Hals, das ich erst für eine Wunde gehalten habe, als ob man versucht hätte, ihre Kehle zu öffnen, es erweist sich aber offenbar als ein großer verschmierter Fleck des Lippenstiftes.

Warten hinter einer Glasscheibe, vor dem Bauch-Ultraschall: Man sieht die Besucher eine Rolltreppe herabkommen und in diese oder jene Abteilung gehen. Viele Männer jeden Alters führen Selbstgespräche, gestenreich. Die Alten in Schlafanzug und Bademantel. Die Jungen oft mit bloßem Oberkörper unter einem offenen Hemd oder einer Jacke.

Zytomegalievirus! Ich muss im Krankenhaus bleiben.

Glas ganz dicht an der Retina.

Ich fürchte, sie lassen mich zwischen Betttüchern aus Papier schlafen, unter einer synthetischen Decke.

Der wunderbare oder der niederträchtige Überlebenswillen?

Früher sagten die Leute zu mir, „Sie haben hübsche Augen“, oder „Du hast schöne Lippen“; jetzt sagt das Pflegepersonal: „Sie haben schöne Adern.“ Die Ärztin, eine junge Frau mit ausländischem Akzent, die gerade den Bauch-Ultraschall gemacht hat, sagt zu ihrem Assistenten, der hinter ihr steht und sich zum Bildschirm neigt: „Schau mal da, wie schön!“ Und zu mir: „Die Anordnung da drinnen bei Ihnen, die ist absolut außergewöhnlich und sehr selten. Wir machen auch ein paar Abzüge für uns.“

19. September

Die Betttücher sind nicht aus Papier, die Decke ist nicht synthetisch: gute alte, abgenutzte Krankenhauslaken, die Decke aus echter Wolle, eben wie im Krankenhaus oder wie in einer Kaserne.

Keine Dusche im Zimmer (ich denke, dieses Entsetzen vor einer Gemeinschaftsdusche oder einer, die sich außerhalb eines privaten Raumes befindet, geht auf die Kindheit zurück), kein Handtuch im Badezimmer. H. G. berichtet, die Oberschwester habe empört geprustet, als er sie um eins bat. Papierhandtücher. B. und H. G. haben es sich nicht ausreden lassen, loszugehen und mir ein echtes Handtuch zu kaufen. Außerdem haben sie einen Kaffeelöffel mitgebracht, eine kleine Schachtel Zucker (meine Briard-Vollmilchjoghurts in ihren Glastöpfchen stehen in einem Verschlag nebenan im Kühlschrank, mit meiner Zimmernummer darauf, 365, „die besten von der Welt", sagt B.). Und sie haben mir dunkle Trauben mitgebracht, meine guten Freunde.

Die Glasscheibe erlaubt einen ständigen Blick vom Flur ins Zimmer. Ich sage nichts. B. sagt: „Man braucht nur die Schranktür offen zu lassen."

Junge, irgendwie asiatische AiP-lerin, unglaublich sympathisch und kompetent. Sie sagt, sie kennt Claudette Dumouchel, ich antworte lachend: „Ich verspreche Ihnen, ich schreibe kein *Mitleidsprotokoll Nr. 2*, wir können ganz unbefangen miteinander sein." Wir scherzen. Sie fragt, ob ich letzthin geschrieben habe, ich bejahe das: „Etwas, das überhaupt nichts mit Aids zu tun hat, etwas, was ich noch nie geschrieben habe, eine sehr körperliche Liebesgeschichte zwischen einem Mann und einer Frau, ein sehr exotischer Roman noch dazu, darum war ich in Bora Bora!" Wir fragen einander danach, was uns an unserem jeweiligen Beruf interessiert, das ist gut. Ich frage sie: „Wenn das Zytomegalievirus aus irgendeinem Grund nicht so früh entdeckt worden wäre, dann hätte ich das Auge verloren, wäre das eine Frage von Monaten gewesen, von Wochen oder von Tagen?" „Von Tagen", antwortet sie. Vielleicht ist es verloren, abwarten!

Mattigkeit, Erschöpfung, ich blättere in den Zeitungen, keine Lust, das Radio anzumachen, um das ich H. G. gebeten habe. Keine Zeit für Langeweile, ständig kommen Schwestern rein, oder da, schon wieder das Telefon.

T. hat gefragt, was ich aus meinen Fenstern sehe, ich gehe im Zimmer hin und her, während ich ihm antworte: „Ein Stück von einer Ringautobahn, einen kleinen Wald, eine Lkw-Werkstatt mit Verleih, den Parkplatz vom Krankenhaus, ein paar Bäume. Und weit hinten Paris."

Diätassistentin (ich hatte bei der Aufnahme um ein Gespräch gebeten), ebenfalls sympathisch und kompetent. Eine halbe Stunde Fragen hin und her. Ich habe heute Abend sehr reichlich gegessen, der Speiseplan, ein Computerausdruck, lag auf dem Tablett, ich habe ihn unter dem Traubenteller versteckt, um ihn abzuschreiben. Besser als bei Air France.

Die Infusion wird angelegt. Sie hängen sie an ein altes Gestell, dessen Rollen blockiert sind. Das schränkt meine Bewegungsmöglichkeiten im Zimmer erheblich ein. Ich versuche, mehrere Dinge an einem Ort zu erledigen (Pissen und Zähneputzen zum Beispiel), damit ich nicht hin und her muss. Aber ich habe schon zwei Krankenschwestern gebeten, dass sie einen Ständer mit funktionierenden Rollen für mich auftreiben.

Beim Abendessen: ein einziger Löffel für die Suppe und den Frischkäse zum Nachtisch, ich frage, schon rein aus Prinzip, ob ich den vielleicht selber sauberlecken soll? Vorzugsbehandlung.

Finde natürlich nicht die Klingel, ungeschickt wie immer. Und schaffe es, keine Ahnung wie, mir den Infusionsschlauch um den Fuß zu wickeln, bald kann ich mich nur noch ein paar Zentimeter bewegen.

Sie warnen mich, das tue gleich weh, sie stechen eine sehr dicke Nadel an einem schmerzhaften Ort ein, kurz vorm Handgelenk, um die Venen in der Ellbogenbeuge für die Blutabnahme zu lassen. Ich habe die AiP-lerin gebeten, freundlicherweise dafür zu sorgen, dass mir nur Blut abgenommen wird, wenn es unbedingt nötig ist, und nicht alle fünf Minuten, wie im Krankenhaus sonst oft.

Schreiben ist auch eine Art, die Zeit zu strukturieren und sie sich zu vertreiben.

Ich warte, dass sie mir den Tropf anhängen (ich lerne mit Begeisterung den Fachjargon – wegen des Zytomegalievirus machen sie mir keine *LP*, keine Lumbalpunktion), ich werde mich dafür hinlegen, es ist acht Uhr abends, ich bin müde. Es war ein langer Tag. Bis morgen.

Ich stehe noch mal auf, um die Sätze zu notieren, die mir im Kopf herumgeistern, sonst verfolgen sie mich bis zum Morgen. Die Schmerzenslaute aus den Nachbarzimmern sind fast noch quälender als das eigene Leid. Der Nachbar schreit, die Schwester sagt zu ihm: „Machen Sie den Mund weit auf", ich frage mich, was sie wohl mit ihm anstellt.

Vielleicht habe ich heute das Zimmer kennengelernt, in dem ich sterben werde. Noch mag ich es nicht.

Wenn man klingelt, muss man fünf bis zehn Minuten warten, es ist, als ob das Pflegepersonal sich wild abwechseln würde, um heimlich, oder auf Rollschuhen, zum Tanzclub *La Rumba* im Einkaufszentrum Auchan zu fahren.

Das Zimmer ist nicht desinfiziert worden, nicht mal ausgekehrt haben sie es: altes Verbandszeug unterm Bett. Da sieht man. Die Schwester, der ich das zeige, sammelt alles hastig auf und wirft es weg. Sie sagt: „Das ist ja widerlich." Und ich: „Wir werden es nicht als Beweisstücke versiegeln."

D. hat immer gesagt, M., der sowieso dem Tod nahe war, sei sehr viel brutaler gestorben, weil sie ihn, um den Flur frei zu kriegen, in ein nicht desinfiziertes Zimmer getan hätten. Krankenhauskeime.

Als eine Schwester mir die Infusion legt, muss ich unwillkürlich denken, vielleicht ist es nur Wasser, „der krepiert ja sowieso", und mir fallen die drei lesbischen Schwestern in Tübingen ein, die die alten Leuten umbrachten, indem sie ihnen einen Kaffeelöffel unter die Zunge klemmten und ihre Lungen überschwemmten.

Die Schlafmittel wirken, als wären es Amphetamine!

Z. hat gesagt, sie bringt mir ein Lämpchen, das für eine angenehme Atmosphäre sorgt, aber ich mag das grelle, blendend weiße Neonlicht.

Babels Kriegstagebuch: Wenn ich das Auge verliere, ist das eines der letzten Bücher, die ich aufgeschlagen habe. Auch dies Tagebuch hier müsste ein Kriegstagebuch sein.

Auf dem Aufnahmeformular heute Nachmittag drei Optionen: „Trage“, „Rollstuhl“, „Kann gehen“. Ich kann noch.

Mitternacht. Ich bin aufgestanden, um zu pinkeln, sie hätten mich sowieso geweckt, um Temperatur und Blutdruck zu messen. Die sympathische Schwester, die den nicht rollenden Ständer „riskant“ findet und mit der ich mich gut stellen will, bringt mir einen Verschlussstopfen an (oberhalb vom „Venenschutz“), genau das, worum ich schon um sechs Uhr, um mich bewegen zu können, die kleine zackige blonde Schwester gebeten hatte, und die hatte gesagt, so was gebe es hier nicht. Gute und Böse, wie im Märchen.

Ein Auge steht auf dem Spiel.

„Machen Sie den Mund auf! Haben Sie das gehört?", fragt mich die große Schwester. „Ja, was machen die denn?" Antwort: eine Mundspülung. Die Tübinger Krankenschwestern.

Im Zimmer nebenan quatschen sie die ganze Nacht lang, ohne die Stimmen zu senken, es geht um Gehälter und was alles Mögliche kostet. Ich müsste dieser Tage mal meinen Vermögensberater anrufen.

Ein Krankenhausaufenthalt ist wie eine sehr lange Reise, ein ununterbrochenes Vorüber von Leuten, Maßnahmen oder Ritualen, um die Zeit auszufüllen. Nicht mal eine Nacht gibt es mehr.

Das Krankenhaus ist die Hölle.

Viel später in der Nacht senken sie die Stimmen ein wenig, sie sind es selber müde.

Schreie im Zimmer nebenan, wie eine brüllende Kuh. An Schlaf nicht zu denken.

20. September

Jeden Morgen wecken sie dich um sieben Uhr, um dir ein Thermometer unter den Arm zu stecken. Um acht werden am Zugang der Infusion fünf Röhrchen Blut abgezapft. Die Schwester der Morgenschicht wirkt sympathisch. Es gibt Perlen, und es gibt gemeine Biester. Gelbe Sonne durchs Fenster.

Man könnte mit den medizinischen Begriffen um Aids ein humoristisches Wörterbuch bestücken: Der Kandidat ist ein Pilz, der sich darum bewirbt, in deinem Hals, deiner Speiseröhre, deinem Magen die Macht zu übernehmen, um sie zu fressen.

Schöner Sonnenschein. Der Infusionsständer rollt also nicht, der Frühstückstisch hat einen Riss, und die Klospülung braucht fünf Minuten, bis ihr Getöse endlich verstummt, das weiß hier jeder.

Beunruhigende Neuigkeiten von V. gestern vor dem Aufbruch ins Krankenhaus. Seine brasilianische Freundin sagt zu mir: „Moment, ich schau mal nach." Sie kommt zurück und flüstert: „V. ist nicht imstande, mit dir zu reden. Aber ruf ihn wieder an, dann freut er sich, er braucht das so." Ich frage: „Wegen seiner Gemütsverfassung?" Sie: „Er nimmt dermaßen viel Mist, er ist in einem jämmerlichen Zustand." Ich denke, er hat angefangen zu fixen, bei unseren beiden letzten Treffen hat er darüber geredet. Vor langer Zeit wollte ich, dass wir zusammen fixten, und er wollte es nicht. Als er es mir zuletzt dann vorschlug, wollte ich nicht.

Ich klingele noch einmal, weil ich gehört habe, wie die Schwester, als sie aus meinem Zimmer in den Flur kam, zu einer Kollegin sagte (mokant): „Er sagt, seine Infusion läuft nicht schnell genug, und das tut ihm allmählich weh." Ich melde mich eigens noch mal, um das zu korrigieren: „Das habe ich nie gesagt."

Das Gebrüll des Nachbars. Entweder ist er sehr wehleidig, oder es tut sehr weh. Leider neige ich der zweiten Möglichkeit zu. Vielleicht bin ich bald derjenige, der schreit.

Die Infusion lief nicht richtig, weil in der Verordnung der so sympathischen und hübschen AiP-lerin etwas ungenau gewesen war.

Keine Zeit, runterzugehen und die Zeitung zu kaufen.

Bei der Verantwortlichen über die Unsauberkeit des Zimmers beschwert, von dem es geheißen hatte, es sei „fertig". Der AiP-ler heute früh, ein ziemlich junger Mann, sagt: „Ich kann Ihnen versichern, der Patient vor Ihnen hatte nichts Schlimmes, nur was Kleines mit den Gefäßen."

Die Nacht hier: gegen eine Dampfwalze kämpfen, die, ich mag nicht sagen blindlings, aber ohne Fahrer voran rollt. Wer sich nicht wehrt, wer nicht rennt, wird überfahren. Also los, immer noch besser, man bleibt ein menschliches Wesen, als man wird zu einem Flatschen aus blutigem Brei.

Erst einmal versetzt es einem einen heftigen Tiefschlag, da ist trotz allem Traurigkeit, Verzweiflung, man kämpft gegen die Tränen. Dann sucht man nach

Argumenten, mit denen sich der Überlebenswillen aufrechterhalten lässt. Gefährlich ist es, das bis zur Euphorie zu steigern, denn dann läuft man Gefahr, dass es in einen Zusammenbruch umkippt.

Gerade wurde entdeckt, dass die Infusion auch deshalb nicht lief, weil die schon gestern Abend nicht richtig platzierte Nadel sich halb gelöst und einen Bluterguss verursacht hatte, der schon fast wieder resorbiert ist.

Diese Gefahr, jemanden zu Fall zu bringen, zu bewirken, dass jemand seine Arbeit verliert, der sie auf jeden Fall braucht, sonst würde er sie nicht ausüben, es sei denn dank einer Berufung: Nicht mal der Gedanke an Rache, sondern nur ganz einfach der ethische Gedanke, dass jeder es sich selbst schuldig ist, seine Arbeit gut zu machen. Auch der Schriftsteller kann zu Fall kommen, wenn er auf einmal idiotisches Zeug oder Unzumutbares schreibt.

Die startenden Flugzeuge: Ich versuche, sie durch das Fenster zu sehen.

Es fällt mir jetzt doch schwer, auch nur einen Zeitungsartikel zu lesen. Schreiben geht besser.

Die Krankenschwester, die fast heimlich um Mitternacht den Verschlussstopfen anbringen wollte, ließ ihn auf den schmutzigen Boden fallen. Mit den Handschuhen kann sie kleine Gegenstände schlecht greifen.

Sie bringt einen neuen, hoffe ich jedenfalls, sie sagt: „Den hier darf ich nicht fallen lassen, das ist der letzte, den wir auf Station haben."

Professor D. schaut vorbei, der stellvertretende Chefarzt, ich frage ihn: „Also, soll meine Frau dem Chefarzt ein Einschreiben schicken?" „Nein, momentan nicht", antwortet er, ohne zu zögern. Dieser Bär wird mir bei jeder Visite sympathischer.

Ich kann meine Uhr nicht gut lesen, ich irre mich, zur Entlastung meines Auges muss aber gesagt werden, sie war schon immer nicht so leicht lesbar, diese Swatch.

Diese Besessenheit mit den Augen, wie ein umgekehrtes Vorzeichen, seit der Kindheit. Und dann der Roman, 83 und 84 geschrieben: *Blinde*!

Heute: „Mittagessen – 1 x Normalkost (ich schreibe ab). Eingelegte Champignons. Rochenflügel, braune Butter. Salzkartoffeln. Frischkäse 40% – Pflaumen – Brot 50gr." Es ist eine bekannte Manie, eine geheimnisvolle, unwiderstehliche und erdrückende, dass die Leute im Krankenhaus ihren Besuchern, die sowieso schon angewidert sind, in allen Einzelheiten beschreiben müssen, was sie alles geschluckt haben (versprochen, den abendlichen Speiseplan behalte ich für mich, es sei denn, es gibt etwas ganz Spezielles). Der erste Speiseplan, der von gestern, den ich aufbewahrt hatte, um ihn abzuschreiben, ist verschwunden: Entweder, er wurde mir gestohlen, aber ich glaube an einen weniger paranoiden Grund, oder ich habe ihn zu gut versteckt und finde ihn nicht mehr (unter meinem blauen Hut?), oder eine Schwester hat ihn zufällig mitgenommen, als sie die Vorhänge aufmachte.

APD: ambulanter Pflegedienst, Versorgung zu Hause also, aber frühestens in zwei Wochen.

Dienstag werden sie mir im OP einen zentralen Venenkatheter am Oberkörper legen, um die Ader zu entlasten, weil das antivirale Mittel sehr toxisch ist.

„Wie, kein Verschlussstopfen mehr auf Station?", fragt der Professor die Schwester, die blasser ist als vorhin. „Haben Sie auf der Pulmo gefragt?" – „Die haben auch keinen mehr." – „Dann rufen Sie auf der Kardio an."

Man muss dafür sorgen, dass man von Anfang an respektiert wird, das ist anstrengend, ein Kräftemessen von einer Nacht und einem Tag oder mehreren. Sie wollen, dass man unterliegt, sie rechnen mit der Erschöpfung. Danach, je nach dem, respektieren sie einen oder machen einen fertig.

Es ist eine ganze Armee von armen Frauen, die sich wacker schlagen. Die Männer, in der Minderheit, sind entweder Chefs oder Lakaien.

Außerdem habe ich am 13. Juli, vor zwei Monaten, die Antidepressiva abgesetzt, ein spontaner Flitz. Sie waren mir immer schlechter bekommen: trockener

Mund, Herzklopfen, immer höhere Dosis, ich dachte: Komm, versuchs, jetzt oder nie. Ich bin auf Elba, ich schreibe nicht (das Schreiben ist für mich immer auch eine Art Antidepressivum), aber die Stille ist da, das Meer, die Gegenwart und die Rufe der Vögel, das alles muss mir die Tranquilizer ersetzen. Und wenn es die Hölle wird, nehme ich sie eben sofort wieder, ich habe genug dabei für meinen Aufenthalt hier. Nicht nur, dass es dann nicht die Hölle war, sondern nach einem kleinen paranoiden Anfall fühlte ich mich seelisch sehr viel besser.

Heute Abend lasse ich das Fenster offen, in der Hoffnung, mit den Verkehrsgeräuschen der Ringautobahn ein bisschen das Gebrüll des Nachbarn und das Getratsche der Nachtschwestern zu überdecken.

In Wirklichkeit sind es keine Flugzeuge, sondern Hubschrauber, die mit Schwerverletzten auf dem Krankenhausdach landen. Bis vor zwei Wochen flog ich fast drei Monate lang bei guter Gesundheit in Bora Bora mit dem Hubschrauber. Start und Landung himmlisch sanft, unwirklich, ganz zu schweigen von den vielen Abstufungen von blau und grün, aus der Luft gesehen.

Ich habe meine Eltern angerufen, sie sind glücklich im Urlaub, um ihnen mitzuteilen, dass ich für ein paar Tage im Krankenhaus sei, „um irgendwelchen Mist zu behandeln", ohne weiter ins Detail zu gehen, ich verriet ihnen nicht, in welches, und untersagte ihnen, jeden Tag T. und C. anzurufen, wie sie es anboten.

Dieses Tagebuch, angelegt auf zwei Wochen, könnte von einem Tag auf den anderen enden, wegen absoluter Mutlosigkeit.

Die Vorhänge offen gelassen, um das Dämmern der Nacht zu sehen, blaudunstig und rosa heute Abend, während der Infusion, und den Mond, verschleiert und mit Halo, hypnotisierend.

Die Pflegehelferin, ich frage sie, worin der Unterschied zur Krankenschwester besteht, sie sagt: „Krankenschwester macht alles mit Medikamenten, Infusionen, Blut abnehmen. Ich komme, wenn das Bett gemacht werden muss oder wenn Sie eine Ente wünschen." Naiv frage ich: „Wie, ein Ende wünschen?" Sie schaut mich merkwürdig an: „Nein, wenn Sie Wasser lassen müssen, ohne aufzustehen." Ich: „Aufstehen kann ich noch."

Da sind doch Flugzeuge, und sogar Fledermäuse, mittlerweile ist es Nacht, ich warte noch immer auf die Infusion. Vorhin hat die Psychologin zu mir gesagt, mit einem diabolischen Lächeln, der starr geschminkten Maske des japanischen Nô: „Nein, das Krankenhaus ist nicht zum Schlafen da, das Krankenhaus ist nicht zur Erholung da!"

Seit ein paar Minuten liegen auf meinem Nachttisch ein pissgelbes Lorazepam (2,5 mg) und eine Kapsel Prozac, das Antidepressivum. Ich weiß nicht, ob ich sie nehmen werde.

Die Schwester, die für die Infusion gekommen ist, macht Reklame für die Spritze, sie sagt: „Was ist wohl besser, eine Spritze ins Auge, also ich würde das nicht aushalten, so viel ist sicher, oder die völlige Erblindung?“ Damit ich schön träume? Bis morgen?

Der Mond wandert langsam von dem einen Fenster zum anderen. Ein Bereich dazwischen, wo er unsichtbar wird.

Das Laken voller Blut. Es ist widerlich, der Einlegestab am Verschlussstopfen, der für die Infusionen rausgezogen wird: ein langes, sehr feines flexibles Plastikstäbchen, voll Klümpchen schwarzen, halb geronnenen Blutes. Aber das ist besser als der blockierte Ständer. Stiche in der rechten Niere. Schmerzen in der Ader.

21. September

Schöner Himmel, aber es wird kein schönes Wetter werden, es sei denn, es ist noch zu früh für die Sonne. Sogar Hähne: fast wie auf dem Land! Anders als gestern wurde ich nicht um sieben geweckt. Ich bin von allein aufgewacht, trotz des gelben Lorazepam. Ich habe geschlafen, ich fühle mich erholt, das ist angenehm.

Die sympathische, geschminkte lange Hopfenstange, die immer noch Erfolg bei den Männern hat, starrsinnig wie ein Maultier: Sie hatte den Tropf aus Bequemlichkeit so programmiert, dass er um Mitternacht aufhören würde. Und tatsächlich stoppte er um Schlag Mitternacht, dabei ist das etwas, was sie angeblich nicht kontrollieren können. Die Methode mit dem geöffneten Fenster hat halbwegs funktioniert, aber gegen drei Uhr morgens herrschte wenig Verkehr, mein Nachbar schrie wieder. Ich hoffte auf das Dröhnen der Laster.

Ich weiß nicht, ob ich mir mit diesem Krankenhaustagebuch etwas Gutes tue oder etwas Schlechtes. Ich glaube, es gibt Schriftsteller, die guttun, Hamsun, Walser, Handke, paradoxerweise sogar Bernhard mit seinem genial dynamischen Stil, und solche, die einem schaden, natürlich Sade, Dostojewski? Ich würde jetzt gern zur ersten Kategorie gehören.

Wochenende. Niemand. Die Türen weit geöffnet, als ob alle Zimmer leer und sämtliche Insassen für ein Gruppenpicknick ausgeflogen wären. Fünf Minuten, zehn Minuten, eine Viertelstunde lang klingeln, es nutzt überhaupt nichts mehr.

Gestern um Mitternacht habe ich beschlossen, erstmals wieder eine Prozac zu nehmen, nach mehr als einem Jahr Unterbrechung wegen „Toleranz“ (das ist der psychiatrische Begriff, das Mittel wirkte einfach nicht mehr). T. war dagegen, ich konnte seine Argumente verstehen (Teufelskreis, immer stärkere Mittel, allein dastehen, der zweite Tag im Krankenhaus ist immer fürchterlich usw.), M. war dafür, H., mein Psychiater-Freund, war total dafür, und der AiP-ler, den ich zur Hilfe rief, ohne den ich das Mittel nicht bekommen konnte, auch. Ich selber war auch irgendwann dafür, zögerte ein wenig bis Mitternacht. Ich dachte: Prozac braucht zehn Tage, bevor es anfängt zu wirken, genau die Zeit, über die der Augenhintergrund untersucht wird, irgendwann werden sie mir sagen, ob die Behandlung angeschlagen hat oder nicht, ob ein Auge schon verloren ist und dem zweiten dasselbe droht, es sei denn, man versucht es mit Injektionen, und ich weiß, falls das passieren sollte, dann werde ich chemische Unterstützung brauchen, um nicht zusammenzubrechen.

Da gibt es die eine, die du zum ersten Mal siehst und die dir nach zwei Minuten den dringend benötigten kippbaren Tisch bringt, um den du seit zwei Tagen zwanzig verschiedene Schwestern fünfzigmal gebeten hast. Sie hatten beschlossen, ein für alle Mal zu sagen, es gebe keinen, das scheint ihnen weniger aufwendig, als einen kleinen Tisch durch den Flur zu schieben. Unter meinem neuen Tisch ist ein wenig Erbrochenes angetrocknet, aber er hat keinen Riss.

„Wenn die Vene platzt", sagte die Schwester, „versuchen wir es etwas höher wieder. Wir bewegen uns immer von unten nach oben." Offenbar droht die Vene zu platzen.

Vielleicht ist eine platzende Vene sehr schön: ein Springbrunnen, der alles vollspritzt, wunderbar rotes Blutfeuerwerk, ein Strauß von Blut. Sobald ich daran denke, fängt mein Blut in den Plastikschläuchen an zu brodeln. Nein, die Vene platzt nicht, das ist nur Blutrückfluss.

Heute Morgen habe ich zum ersten Mal mein Zimmer verlassen, nachdem ich mich rasiert hatte (ich habe mich geschnitten, was sonst nie passiert: Offenbar muss ich mir den Gillette Sensor besorgen, für den B. so Reklame macht), den blauen Hut habe ich auch aufgesetzt. Ich bin niemandem begegnet, außer dem AiP-ler, der sagte, ich täte gut daran, Prozac zu nehmen. Ich wollte nur unten die *Libération* kaufen. Der Kiosk hat Samstag und Sonntag geschlossen. T. kommt wohl heute Nachmittag vorbei.

Heute ist der zweite und letzte Tag der Malariabehandlung, alle sechs Stunden zwei bittere Tabletten, die Bauchkrämpfe verursachen.

Überhaupt kein Infusionsständer mehr: Die Oberschwester geht für mich auf die Suche.

Ich habe abgelehnt, dass meine Schwester mich heute besuchen kommt. Ich überlege, ob ich V. anrufen soll.

Ich kann nicht sagen, dass ich gern erblinden würde, es gibt Situationen, die verzweifelt sind, egal, wie man sie dreht und wendet, aber es wäre eine Situation, die ich nicht kenne, und ich bin schon immer gern in unbekannte Situationen geschlüpft, bis zur letzten oder zur schlimmsten Konsequenz.

D. hat erzählt, M. habe wenige Tage vor seinem Tod auf der Intensivstation offenbar eine ganz besondere Beziehung zu dem diensthabenden Arzt entwickelt, sie sollen ganze Nächte lang miteinander geredet haben. Ich glaube, selbst wenn beide keinerlei Art persönlicher Beziehung aufbauen wollen oder so tun, als wollten sie es nicht, wie es seit mehr als einem Jahr zwischen meinem Arzt und mir der Fall ist, sondern die Dinge ausschließlich von der technischen Seite der Krankheit her angehen wollen, selbst dann entwickeln Arzt und Kranker ein persönliches Verhältnis, das einer privaten Gefühlsbindung nahekommt. M.s Nachtarzt hat bis jetzt all seine Geheimnisse in Anonymität und Schweigen gewahrt.

Gerade war mein Arzt da. Er hat mir mitgeteilt, wenn die Anbringung des zentralen Venenkatheters im OP gut laufen sollte, leiten sie die verwaltungsmäßigen Schritte ein, die mir erlauben würden, baldmöglichst zu Hause ambulant weiter behandelt zu werden, also früher als gedacht (ich dachte zugleich: fantastisch, und: Scheiße! dann geht das Tagebuch ja gar nicht über zwei Wochen).

Gestern Abend ist sie wieder aufgetaucht, um mir den Blutdruck zu messen, klein, mit gelber Haut, sichtlich unfroh, ich sage zu ihr: „Erlauben Sie mir die Bemerkung, Madame oder vielleicht auch Mademoiselle, dass ich finde, Ihr Verhalten mir gegenüber neulich Abend war nicht gut, sowohl menschlich und ethisch als auch professionell?“ Sie erstarrt, wie traumatisiert.

„Was wollen Sie damit sagen?" „Na ja! Das hier: Ein Aidskranker, der also sehr schwach und matt ist, das sollten Sie so langsam wissen, erlebt einen Schock, wenn er erfährt, dass er das Augenlicht zu verlieren droht. Und Sie sollten wissen, was es für einen Schlag bedeutet, für zwei Wochen ins Krankenhaus zu müssen. Und dann stellen Sie sich dumm, Sie behaupten, der Verschlussstopfen, um den ich Sie bitte, der mich von diesem blockierten Ständer befreien würde, sei auf der Station nicht vorhanden, mehr noch, es gebe so was überhaupt nicht, das sei eine Ausgeburt meiner Fantasie und ich sei folglich zwei Wochen lang an diesen Ständer, der mich an jeder Bewegung hindert, gefesselt wie ein Zuchthäusler an die Fußkugel, sogar im Zimmer." Sie leugnet: „Das habe ich nie gesagt." „Wir können auf dem Krankenblatt nachsehen, gestern Abend hatte ich keine erhöhte Temperatur, ich habe nicht gesponnen." Sie wurde derart gelb und erstarrte so, dass ich versuchte, das Ganze ins Scherzhafte zu wenden, ich sagte: „Wahrscheinlich haben Sie Chinesisch gesprochen (die gelbe Haut?) Und ich eine ganz andere Sprache, darum haben wir uns missverstanden. Ich habe gedacht: Aufgepasst, die da ist eine ganz Böse, aber ich hoffe, in ein paar Tagen kann ich sagen: In Wirklichkeit ist es eine Nette, und genauso hoffe ich, Sie können eines Tages sagen: Ich dachte, das ist ein Querulant, aber nein, ganz und gar nicht!" Jetzt weigert sie sich, mich weiter zu pflegen und schickt an ihrer Stelle die übermütige große Brünette, die die Spritzen ins Auge so anpreist.

Auch mein Arzt hat das Wort gestern in den Mund genommen. Ich konnte nur sagen: „Außerdem ist das etwas, dass ich beschlossen habe, nicht zu überschreiten."

Leer heute Abend, als hätte ich krank einen zwei Tage und zwei Nächte langen Boxkampf gegen fünfzig mehr oder weniger gesunde Leute hinter mir. Der Mond hat heute Abend auf sich warten lassen, dann war er nichts als ein kleines Lichtlein am verhangenen Himmel. Dank einer freundlichen Schwester konnte ich meinen Tropf um zwanzig Uhr kriegen, und er dauerte nur eine Stunde, wie verabredet. Jetzt ist es halb zehn. Gerade habe ich mit dem Strohhalm eine kleine Packung Milch getrunken, wie Schulkinder sie bekommen. Aufdruck auf dem Karton: „Nur für Verwendung in Schulen." Ich hoffe, ich werde genug Zeit haben, mich auszuruhen.

22. September

Heute früh habe ich versucht, im dunstigen Himmel Aquarelle von Turner oder Constable zu finden. Ein paar konnte ich entdecken. Dann klarte es so auf, dass da nur noch der Schönwetterhimmel der Pariser Vorstadt war. Aber alle Himmel sind schön. Wenn ich gekonnt hätte, hätte ich versucht, eine Sammlung von Himmelsgemälden anzulegen, aber die sind selten.

Wenn amerikanische Milliardäre Probleme mit den Augen haben und zu erblinden drohen, fliegen sie nach Kolumbien, dort gibt es die besten Augenchirurgen der

Welt. Ein armer Schlucker, der gern einen über den Durst trinkt, ist schon vor ein paar Tagen sturztrunken im Straßengraben gelandet, jetzt schon wieder. Er wacht auf. Ein schwarzes Loch. Alles ist schwarz, er kann nichts sehen, tastet nach seinen Augen und stellt fest, sie sind verbunden. Auch die Erinnerung ist ein schwarzes Loch: verschwommene Stimmen, Autofahrten, vielleicht ein Krankenhaus. Seine Mutter muss sich dem Offensichtlichen fügen: Man hat ihrem Sohn die Augen gestohlen. Sie macht eine Anzeige, lässt ermitteln. Man stellt fest, dass die Augen nur von einem erstklassigen Chirurgen haben entfernt werden können, denn er hat die haarfeinen Nerven ringsum intakt gelassen, die leicht hätten zerstört werden können. Eine meisterhafte Arbeit. Aufgrund der Berichte des Jungen, dem man die Augen gestohlen hat und dessen Gedächtnis etwas klarer wird, meint man, das Krankenhaus ermittelt zu haben, in dem das Verbrechen geschehen ist. Doch das gesamte Personal der Augenabteilung ist ausgetauscht worden, nirgends mehr zu finden. Sie leben jetzt alle irgendwo in den Vereinigten Staaten, haben ausgesorgt für den Rest ihres Lebens.

Im Aufenthaltsraum wetteifern die Schwestern um die beste Krankengeschichte, natürlich weiß jede von ihnen eine noch unglaublichere Geschichte als die andere.

Die Leutseligkeit beim Schichtwechsel, bei der Übergabe. Die einen gehen schlafen, die anderen kommen gerade aus dem Bett, aus der Metro, dem Bus. „Wie geht's, Hase? Erhol dich gut. Noch Zeit für ein Käffchen?"

Das Krankenzimmer ist ein heimtückischer Kokon, der nach und nach den realen äußeren Raum schleichend zu Bedrohung macht, sogar den Flur.

Heute Morgen habe ich mich zweimal rasiert, erst ohne es zu merken, ich fand die Klinge wirklich stumpf. Sonntagmorgen. Keine Zeitungen. Nichts zu machen. Als M. im Krankenhaus war, war es ihm so wichtig, dass jemand ihm seine *Libé* brachte.

Kirchenlieder aus dem Fernsehen in einem Nachbarzimmer. Ich gehe auf einen Kaffee runter.

Meine gewohnte Ungeschicklichkeit, meine neue Schwäche, dazu die dicke Nadel im Handgelenk, ich kann kaum mehr ein Kaffeetütchen aufreißen.

Gestern rede ich mit dem AiP-ler, die Stationsschwester kommt ins Zimmer. „So, was war da los? Erzählen Sie mal?" Ich antworte, über die hygienische Situation dieses Zimmers, als ich es bezogen habe, brauche man nicht viel Worte zu machen. „Abgesehen davon", sage ich, „habe ich jetzt endlich einen Frühstückstisch bekommen, der nicht alles aufs Bett kippt, aber der blockierte Infusionsständer ist immer noch nicht ausgetauscht worden." Sie schnappt sich sofort den Ständer und bringt ihn raus, aus dem Flur ist sie noch zu hören, wie sie zu sich selber sagt, während sie das Ding hinter sich herzerrt: „Ah! Wenn ich mich nicht selber drum kümmere, klappt hier gar nichts, ich hole sofort einen.“ Als die Schwester heute Abend den Tropf legen wollte, war gar kein Ständer im Zimmer. Sie hat das alte Gestell holen müssen. Die Stationsschwester hat sich fein gehütet, noch mal aufzutauchen.

Die Absätze der Schwestern auf den Bodenfliesen.

Als ich in dem anderen Krankenhaus war, hatte J.-F. M. zu mir gesagt: „Falls du irgendwann mal was hast, das ein paar Tage lang beobachtet werden muss, finden sie hier sicher kein Bett für dich, sie haben einfach keine. Auch darum musst du woanders hin.“

Wirklich genug Bücher gelesen in meinem Leben, wirklich genug geschrieben?

An dem Tag, als ich die Diagnose bekam, dass das Zytomegalievirus eines meiner Augen befallen hatte, lag ich allein in meinem Zimmer in der Tagesklinik, und ich sah, wie aus einem Loch in den Heizungsrohren eine riesige schwarze Spinne gekrochen kam.

Heute Nacht sieht der stark bewölkte, vom Mond beleuchtete Himmel aus wie eine beschneite Landschaft.

23. September
Rechtes Auge: Ich sehe drei schwarze Schmetterlinge vor der Lichtquelle entlangfliegen.

Ich wurde um Viertel vor sieben geweckt, zum Temperaturmessen. Um sieben betrete ich, ein Glas mit Kaffee aus der Maschine in der Hand, die Cafeteria war noch zu, das Büro neben meinem Zimmer, in dem die versammelten Schwestern Kaffee trinken, sie besprechen die Krankenblätter und die anstehenden Pflegemaßnahmen. Es wird sehr ungern gesehen, dass ein Kranker in der Tür dieses Zimmers aufkreuzt, ich sage: „Verzeihen Sie bitte, dass ich Ihre Runde störe, es dauert nur ein Sekündchen. Ist hier auch die Schwester, die mir heute Morgen den Tropf anlegt?" „Ja, ich", antwortet eine junge Frau nach kurzem Zögern. „Sie müssen mir dann irgendwo einen Verschlussstopfen besorgen, in der Krankenhausapotheke oder einer anderen Station, wir haben gestern den letzten benutzt." „Welche Farbe hat ihre Nadel?" „Rosa." „Ich besorg Ihnen einen."

Weiße Rosen (C.) und gelbe Rosen (meine Schwester) in meinem Zimmer.

T. und ich können uns nicht mal mehr umarmen, was immer so gutgetan hat, wenn wir uns trafen. In diesen Zeiten wäre das zu melodramatisch.

Ich glaube wirklich, dass in den Krankenhäusern Materialdiebstahl stattfindet, anders wäre das nicht möglich. Wie muss das erst in Russland sein!

Chiracs „Geruch“, Cressons „Charterflugzeuge“, Giscards „Invasion“: Unabhängig von meinem Zustand werde ich nie wieder in meinem Leben wählen gehen.[1]

J.-F. M. hat auf Höhe des Herzens einen eigenen Schlauch für die künstliche Ernährung durch eine Maschine.

Montags ist es besser als sonntags, im Krankenhaus wie überall sonst.

Meine Großtante Louise, die mich gestern mit ihrer Tochter und meiner Schwester besucht, entdeckt mit ihren fünfundachtzig Jahren das Fernsehen, in ihrem Altenheim, und schildert schallendes Lachen vor gewissen komischen Sendungen.

Gestern brauche ich lange, um das Telefon abzunehmen, endlich erkenne ich die ganz kleine Stimme vom kleinen Titou. Wir haben uns seit vor den Ferien nicht mehr gesehen. Er wirkt gerührt. Ich bin es.

[1] Anspielung auf drei gegen Migranten gerichtete Äußerungen französischer Politiker aus dem Jahr 1991, Anm. d. Ü.

Die Schwester von heute früh hat drei Verschlussstopfen in meinem Schrank versteckt, die sie in der Kardio organisiert hat.

Es ist schwierig, in liegender Position Humor an den Tag zu legen: Es wirkt affektiert, wegen des Atems.

In dem gläsernen Übergang zur Station: Obdachlose. Man hat ihnen die Schuhe ausgezogen, weil sie zu dreckig waren, man hat ihnen stattdessen Füßlinge aus blauem Papier angezogen, und auf dem Kopf, wegen des Ungeziefers, haben sie Hauben aus demselben blauen Papier. Sie sehen, wie ich zwischen ihnen entlanggehe, erhobenen Kopfes, im Versuch, nicht wegzusehen, wie es wahrscheinlich sonst alle tun.

Aus der mentalen Folter (zum Beispiel der Situation, in der ich mich befinde) ein Studienthema zu machen, um nicht zu sagen ein Werk, macht die Folter ein klein wenig erträglicher.

Ich habe H. G. das erste Heft übergeben, in einem verschlossenen Umschlag, ohne ihm zu sagen, was drin war, denn morgen früh um neun gehe ich in den OP und ich hatte Angst, der Umschlag könnte mir aus dem Zimmer oder sogar noch aus meiner Tasche gestohlen werden.

Ein rollender Ständer, endlich, wahrscheinlich haben sie den irgendwem gestohlen, vielleicht. Jemand ist gestorben.

Zum ersten Mal habe ich heute, am Montag, ein wenig Musik im Radio gehört (NRJ, Radio Nostalgie, Radio Nova), T. hatte die Programme eingestellt.

Von H. G., der es von B. hatte, der es von P. hatte, erfahre ich, dass V. ihn angerufen hatte, um zu hören, wo ich bin.

Der Anästhesist, Dr. M., der mir morgen früh den Venenkatheter legen wird, ist heute Nachmittag vorbeigekommen. Er hat meinen Oberkörper untersucht und mir den Ablauf geschildert. Ich habe ihm viele Fragen gestellt, wie üblich. Irgendwann sagte ich mit bloßem Oberkörper: „Ich benutze Sie fast wie einen Paravent." Hinter ihm saß meine Freundin S. und tat so, als würde sie die Post durchschauen. „Sie ist furchtbar neugierig", fügte ich hinzu.

Es scheint Schwestern und Pflegehelferinnen zu geben, die von vornherein und aus Prinzip diejenigen Kranken verabscheuen, die in einem Einzelzimmer liegen, Zeichen für Knete. Neunzig Francs pro Tag.

Heute Morgen habe ich mich geweigert, dass sie einen Kissenbezug aus Papier aufziehen.

24. September

Vor jedweder Maßnahme sagen sie reflexhaft zum Kranken, er müsse dafür nüchtern sein, es stimmt nur jedes dritte Mal, aber so gehen sie auf Nummer sicher, dass sie keinen Rüffel kassieren. Der Magen und die Psyche des Kranken gehen dabei den Bach runter.

Die Stationsschwester hat der brünetten Bohnenstange verraten, was ich gesagt hatte: „Die Sorte, die den Männern noch gefällt." Das berichtet mir die betreffende Schwester, als sie den Tropf anlegt. Ich sitze in der Klemme, ich versuche wenigstens, so zu tun, als ob nichts wäre, und mich gegen das „noch" zu wehren, ich wiederhole: „Die Art Frauen, die den Männern gefällt." Sie sagt freundlich, sie habe es sowieso gut aufgenommen, es hat ihr geschmeichelt, sagt sie. Mir wird klar, warum die Stationsschwester ausgerechnet das weitergesagt hat: Sie selber kann den Männern nicht mehr gefallen, aber wirklich überhaupt nicht mehr.

Um halb acht morgens rauscht die Schlampe, die mich in das nicht desinfizierte Zimmer gesteckt hat, triumphal herein, mit einem Kittel aus durchscheinendem blauem Papier. Ich soll mich ganz ausziehen, sie gestattet mir, die Unterhose anzulassen. Ich sage zu ihr: „Es müsste mir noch sehr viel schlechter gehen als jetzt, damit ich mich bereden ließe, in dem Ding quer durchs Krankenhaus zu laufen. Dazu bringen Sie mich nur, wenn Sie im selben Aufzug zusammen mit mir runtergehen, Hand in Hand, ich würde Ihnen auch den BH erlauben, so wie Sie mir die Unterhose."

Eine junge Schwester möchte bei dem Eingriff assistieren, sie hat ihn noch nie gesehen. Ich sage zu ihr: „Warten Sie doch besser auf einen athletischen jungen Kerl mit tollen Brustmuskeln, dann schlagen Sie zwei Fliegen mit einer Klappe."

Heute Abend nichts geschrieben. Zu sehr unter Schock. Ich werde es morgen wieder versuchen.

25. September

Gestern ein verfluchter Tag, nichts als Pech, eine Katastrophe nach der anderen, dabei hatte ich vor diesem Eingriff nicht die geringste Sorge, intuitiv war ich sogar überzeugt, dass alles hervorragend laufen würde.

Wie das Biest geguckt hat, als sie mich allein, im Stadtanzug, den Hut auf dem Kopf, den durchscheinenden blauen Kittel über der Schulter, Richtung OP runtergehen sah: völlig baff, es gibt kein passenderes Wort.

Der durchscheinende blaue Kittel hatte keinerlei Funktion, diente ausschließlich der Demütigung.

Wie die Pflegehelfer geguckt haben, dicke Madegassen, Füßlinge aus zartgrünem Papier über den Schuhen, als sie mir die Tür zur Intensivstation öffneten: „Wer sind Sie? Was machen Sie hier?" Ich kleidete mich auf der Toilette um und zog ebenfalls den grünen Pyjama ohne Vorder- noch Rückseite an, den grünen Kittel, die grünen Füßlinge, die grüne Haube.

Drei Stunden im OP statt wie geplant eine Dreiviertelstunde. Die ganz große Nummer: zwanzig tiefe Stiche mit dicken Nadeln, das Xylocain brennt, eine durchstoßene Ader, nur Millimeter neben der Halsschlagader und der Jugularvene, der Anästhesist schwitzte dicke Tropfen, er sagte: „Wir machen eine Pause, ich gehe einen Kaffee trinken, wir machen gleich weiter" (nachher dachte ich: Alkohol? Drogen?), sie machen einen Hals-Ultraschall, sie forschen nach einer Vene, die nicht zu dünn sein darf und nicht wegrollt, die Nadel sticht beim ersten Versuch ein, es tut nicht weh, ich spüre den Hautschnitt mit dem Skalpell, der Anästhesist hatte ein spitzes von seinen Assistentinnen verlangt, Blutung, ich sage, ich fühle mich gar nicht gut, mir ist, als würde ich gleich ohnmächtig, Sauerstoffmaske ohne jede Wirkung, auf einmal ein unerträglicher Schmerz im Herzen, ich schreie, ich flehe, dass sie mich von diesem Schmerz erlösen, ein paar Sekunden lang denke ich, jetzt sterbe ich; obwohl er die Blutung nicht unter Kontrolle bekommt, muss er schnell nähen, bevor die Wirkung der Lokalanästhesie nachlässt. Morphiumspritze. Sie schieben mich vom OP-Tisch auf eine Trage, dann auf mein Bett. Aufwachraum. Ein fetter Kerl mit bloßem Oberkörper, der gleich weggeschafft wird, eine junge Asiatin, sie scheint zu schlafen, ihr Gesicht verzerrt sich vor Schmerz, ein junges Mädchen mit starr blickenden, weit geöffneten Augen, und in meine Nähe, ein wenig vom Fußende des Bettes verstellt, ein Schwarzer, ich kann seine Arme voller Schläuche sehen, er ist sehr unruhig, er hat Schmerzen, ich bekomme mit, dass er schon die

Maximaldosis Morphium gekriegt hat. Sie binden ihn an seinem Bett fest. Ich bitte um einen Kaffee, köstlich.

Während des Eingriffs ersticke ich unter der Papierdecke, die das Operationsfeld absteckt und mich daran hindert zuzusehen. Ich habe Schmerzen. Ich spüre, wie mir eine Träne aus dem rechten Augenwinkel rinnt. Trotz der schwierigen Situation, die wir zu meistern haben, summt eine Schwester vor sich hin, für ein paar Sekunden, das tut mir wohl.

Sie haben mich für die Katz gefoltert: Niemand hat auch nur versucht, mir die Wahrheit zu entlocken.

Gerade wurde ein Leichnam unter einer schwarzen Plane vorbeigerollt: Intensivstation.

Beim Betreten der Intensivstation denkt man wegen der Maschinen, der Geräusche, des ohrenbetäubenden Piepens, der offenen Türen und des Gerennes in den Fluren, wegen der lauten Rufe der Krankenschwestern um Hilfe, zunächst, das sei eine erneute Hölle. Dann denke ich, dass sieht doch aus wie der ideale Ort zum Sterben, so was braucht es.

Ich hatte gedacht, ich könne wegen des Traumas an diesem Tag nicht mehr weiterschreiben, aber es ist die einzige Art des Vergessens.

Als M. auf der Intensivstation war, einige Wochen vor seinem Tod, musste eine Wache vor die geschlossene

Tür platziert werden, denn man hatte einen Fotografen ertappt, der sich auf die Station eingeschlichen hatte, um Fotos des Bewusstlosen zu schießen.

Die Frauen wollen alle den Beruf wechseln: Sie sind um halb sechs Uhr morgens aufgestanden, haben um sechs in den öffentlichen Verkehrsmitteln gesessen, sind um sieben aufgestanden und ins Krankenhaus gerannt, um mit ihren Kolleginnen von der Nachtschicht einen Kaffee zu trinken.

Der Anästhesist, der mir gestern die Lunge zerstochen hat, ist gestern Abend und heute früh zum Plaudern gekommen. Es gelingt mir nicht, ihn sympathisch zu finden.

Jeden Tag schaue ich in der Zeitung nach der Temperatur in Rom.

Vergleich der Röntgenaufnahmen der Lunge von gestern und von heute. Vorerst keine Punktion. Völlige Reglosigkeit.

Manchmal wissen sie nicht weiter, sie tasten herum, sie schwitzen dicke Tropfen. Sie haben Angst. Sie spritzen mir Xylocain zwischen das von der Luft separierte Rippenfell und die Lunge, um die Drainage-Nadel einführen zu können.

26. September

Als sie mir die Drainage-Nadel zum dritten Mal in die Lunge stechen, kommt eine Schwester panisch angerannt und schreit: „Madame X. ist ganz blau." Den grünen Mundschutz vorm Gesicht, sprüht eine Schwester mit einer Kanüle die Luft, die sie mir aus der Lunge abgezogen hat, in den Raum. Sie sagt: „Ich komme mir vor wie eine Fee."

Presslufthammer auf der Intensivstation. Magerquark, 0,5%, für einen Kranken, der zwanzig Kilo abgenommen hat.

Gestern Abend, der Rettungswagen wird erwartet: Koma nach Selbstmordversuch. Die Ärzte des Rettungswagens sind total sauer, die Familie des Mädchens hat sie beschimpft, als Lieferanten bezeichnet. Das Mädchen ächzt, es hat Tabletten und viel Alkohol geschluckt, es liegt im Zimmer nebenan.

Nachts schlafe ich sehr tief, eine Schwester weckt mich, indem sie meinen Handrücken ganz leicht mit dem Finger berührt.

Ich uriniere ohne aufzustehen, in eine Art Pariser mit einem Schlauch dran, ein Urinalkondom. Schieben sie mir den scharfen, eiskalten Rand der Bettpfanne unter den Hintern, kann ich nicht. Mit einer kurzen, dünnen Nadel geben sie mir eine Spritze in den Bauch, zur Dekubitus-Prophylaxe. Nichts kann mich mehr beeindrucken, außer einer Trepanation, und der Spritze ins Auge.

Heute Morgen traurig und mutlos. Die Freundlichkeit der Pflegehelferin, die mich wäscht und wieder ins Bett bringt, hebt meine Laune ein wenig.

Generalstreik im Krankenhaus.

Im Augenblick des intensiven Schmerzes, den der Arzt dem Patienten zufügt, kuriose Empfindung von Liebe und Respekt, die ich für gegenseitig halte. Der Schmerz hat etwas Heiliges an sich. Der Arzt, der den Schmerz zugefügt, und der Patient, der ihn erlitten hat, werden zu einer Art Freunde, Komplizen, aber es gibt auch die Scham.

Der Intensiv-Chefarzt kam mit einer Assistentin vorbei und rupfte mir mit einer knappen Bewegung den Schlauch aus der Lunge, der in einem Glasballon endete, mit violetter Flüssigkeit gefüllt, in der bei Ausatmen und Husten Blasen hätten zu sehen sein müssen. Fünf Minuten darauf, ohne Verband, ein bereits trockener winziger roter Punkt auf meinem Thorax, viel enger als der Schlauch, der hindurchgeführt hatte. Die Mysterien des Körpers.

27. September

Gestern Abend von der Intensiv in den rechten Flügel des Gebäudes gekommen, Zimmer 366. Ich habe mich gut ausgeruht. Galoppierender Pilzbefall des Halses. Volle Sonne.

Als ich mich heute früh rasieren wollte, sah ich im Spiegel oberhalb des Venenkatheters eine ungewöhnlich angeschwollene Ader, sie war etwas schmerzhaft.

Zwei Pfleger kamen mich waschen. Ich sagte, ich würde es selber tun. Ich bin seit zwei Tagen nicht aus dem Bett gekommen. Sie hatten Angst, ich würde im Bad kollabieren.

Es war keine Ader, sondern ein Schlauch unter der Haut.

Gestern Abend kam der Psychiater, nicht wirklich begeistert, denn ich bin nie wieder in seine Praxis gegangen, dabei ist die in meiner Nähe. Er schreibt in meine Krankenakte: „Heute ist der Patient ruhig. Besonnene Wortäußerungen." Letztes Mal waren die Wortäußerungen „zusammenhängend".

Ich könnte mir gut vorstellen, eine weiße Halskrause und über dem Auge, falls es hin sein sollte, eine schwarze Klappe zu tragen, unter einem schönen Hut. So würde ich mich auch wieder fotografieren lassen.

Als sie mich heute früh mit dem Rollstuhl zum Röntgen abholten – die Abteilung mit dem dort herrschenden Luftzug ist eine Art Einrichtung zur Schaffung von Lungenproblemen bei Leuten, die noch keine hatten –, habe ich mein Heft erst unterm Kissen versteckt, dann dachte ich, das ist eine sehr schlechte Idee, es passte in die Tasche meines Kittels.

Heute Abend die Erdbeeren gegessen, die H. G. gebracht hat. Erdbeeren gehörtem zum Letzten, was meine Großtante Suzanne mit fünfundneunzig Jahren noch gern gegessen hat.

Heute habe ich voller Stolz den Geburtstag meiner Schwester begangen, aber er war gestern.

Als ich im Hôpital Rothschild lag, war auch Streik. Als ich in Rom im Ospedale Spallanzani behandelt wurde, streikten die Pfleger ebenfalls.

28. September

Manche Krankenschwestern lieben ihren Beruf auch. In der Intensivstation habe ich eine kennengelernt, sehr jung, hübsch, genau, mutig. Für einen Kranken gibt es nichts Besseres. Aber wenn sie abends um zweiundzwanzig Uhr aus dem Krankenhaus heimgeht, ist sie restlos fertig.

Ich bitte C., mir aus der Maschine im Erdgeschoss einen schwarzen Kaffee zu holen, 100% Arabica, mit Zucker, Taste „kräftig". Aber sie geht in die Eingangshalle hoch und bringt mir aus der Cafeteria einen kleinen Espresso, der deutlich besser ist. Nur ist es sehr viel weniger Flüssigkeit, die mir heiß die Kehle hinunterläuft, wie ich es liebe, aber das werde ich ihr niemals erzählen.

Die für die experimentellen Behandlungen Verantwortliche lädt mich nach Hause in Chagny ein, zum Abendessen mit ihrer Familie. Sie hätte mich mit dem Wagen ins Krankenhaus zurückgebracht.

Die madegassische Putzfrau und ich duzen uns vom ersten Tag an, das macht uns beiden Vergnügen.

Nachts Husten. Hohles Geräusch im Pneumothorax. Schlecht geschlafen.

T., mein geliebter Freund, besucht mich einmal pro Woche, Samstag nachmittags. Da sind seine Arbeit, die Kinder, die Entfernung zum Krankenhaus. Nichts könnte mir lieber sein als sein Besuch, und doch ist es jedes Mal so melancholisch, dass ich es ebenso fürchte wie ersehne: Zwischen uns steht unsere Jugend, verloren, unsere Erotik, ebenso verloren. Es bleibt eine große Liebe, größer denn je.

Ich zwinge mich zu essen. Es leben Joghurt, Cremes, Puddings!

Morgen Beginn der Winterzeit.

29. September

Sonntagmorgen. Ich nehme Sonnenbäder in der Pariser Region, hinter Doppelglasscheiben.

Der kleine Titou, der nie besonders viel Liebe zu mir an den Tag gelegt hat, außer, wenn ich ihm Geschenke mitbrachte, verlangt beharrlich, mich zu sehen, er muss Vorahnungen haben.

Sonntags gibt es ein Croissant.

Ein Song aus der Hitparade: *Le dormeur doit se réveiller – Der Schläfer muss erwachen.*

Gestern Abend versuchte die Schwester, vor Anhängen des Tropfs den Venenkatheter mit physiologischer Kochsalzlösung zu spülen. Es funktioniert nicht, sie drückt auf der Spritze herum, es geht nichts rein. „Der Katheter ist verstopft", sagt sie. „Und was macht man dann?" „Dann wechselt man die Kanüle, falls es an der liegt." „Sind Sie sicher, dass alles richtig angeschlossen ist?" „Ah! Gut, dass Sie das sagen, ich hatte vergessen, den Absperrhahn aufzumachen." Mein Herz schlägt weiter.

Heute früh teilte mir eine nette AiP-lerin mit, mein Pneumothorax sei absolut nicht resorbiert, unter dem abgelösten Rippenfell sei im Röntgenbild noch eine ordentliche Lufttasche zu sehen. Beim ersten Blick auf dieses Röntgenbild hatten sie gesagt, er sei völlig resorbiert, ein paar Tage darauf heißt es irgendwie verlegen, es sei noch eine winzig kleine Luftblase da, die von selbst verschwinden würde. Ich huste. Ich soll nicht husten. Ich nehme Hustensaft. Ich habe ein wenig Schmerzen. Ich bin sehr pessimistisch, was die weitere Entwicklung angeht.

Heute früh bot mir der Chefarzt eine Art Freigang bis zwanzig Uhr an, wegen des guten Wetters. An der Autobahn lang wandern?

Man hört hier immer nur: „Guten Appetit", „Guten Tag", „Schönes Wochenende", „Gute Erholung", „Schöne Ferien", niemals „Gutes Sterben".

Nachdem mein Arzt, der eine Hirnhautentzündung vermutete, mir gegenüber zum ersten Mal einen autoritären Ton angeschlagen hat: „Wenn ich im Scanner nichts sehen kann, Monsieur Guibert, dann bestehe ich darauf, dass wir eine Lumbalpunktion machen", holt seine Assistentin mich im Flur ein und flüstert mir zu: „Machen Sie keine Lumbalpunktion, Monsieur Guibert." Ein paar Tage später, nach den Komplikationen beim Anlegen des Venenkatheters, sagt sie zu mir: „Haben Sie nicht die Grimasse gesehen, die ich gezogen habe, als es um einen Venenkatheter ging?"

V. hatte gesagt, er würde diesen Sonntag vorbeikommen. Er ist nicht aufgetaucht, hat auch nicht angerufen. Ich finde das so beschissen, dass ich es nicht mal meinen anderen Freunden habe erzählen können.

Die Leute aus den Nachbarzimmern, meist sind sie zu zweit und tragen Pyjama, suchen sich alle möglichen Beschäftigungen: Fernsehen, Radio, Gesellschaftsspiel, elektronische Spiele, sie gehen im Durchgang unter dem Glasdach eine Zigarette rauchen. Ich tue nichts, um mich zu beschäftigen. Ich döse.

Manche Pflegehelferinnen haben eine Strategie: Wenn man wegen einer kleinen, aber dringend notwendigen Sache nach ihnen klingelt, ziehen sie eine derartige Fresse, dass man lieber weiter in seinem Dünnschiss schwimmt, als wieder so eine Visage sehen zu müssen, überdrüssig, deprimierend, manchmal fast böse.

30. September

Ist es nicht grausam, meine Eltern ganz ohne Nachricht zu lassen, nachdem ich ihnen ohne weitere Einzelheiten mitgeteilt hatte, ich ginge für zwei Wochen ins Krankenhaus – sonst hätte meine Mutter meinen Anrufbeantworter mit weinerlichen Bettelanrufen bombardiert –, und ihnen überdies zu untersagen, bei T. und C. oder bei meiner Schwester nachzufragen? Aber wäre die Grausamkeit, die ich mir selber zumuten würde, in dem ich sie anriefe, nicht noch grausamer? Außerdem, was sollte ich sagen? „Alles in Ordnung", oder aber: „Ich drohe zu erblinden, sie haben mir bei einem Eingriff die Lunge angestochen und einen Pneumothorax gemacht, ich hatte eine Blutung, ich habe zwei Tage völlig reglos auf der Intensivstation gelegen, ich bin verzweifelt, und ich habe nicht die geringste Lust, euch zu sehen." Sie behaupten immer, sie würden gern mein Leiden auf sich nehmen, denn das ist unmöglich.

Die pfiffige kraushaarige Pflegehelferin, die gestern früh mein Bett gemacht und trotz Wochenende ausnahmsweise die Laken gewechselt hat – „Sie haben heute Nacht geschwitzt, was, Monsieur Guibert, oder irre ich mich?" –, schildert mir detailliert mit allen Strecken die schönen Reisen, die sie mit ihrem Ex-Mann unternommen hat: Italien, Spanien, Portugal – „da sind wir nur durchgefahren". Sie wohnte früher in Dunkerque, Samstagabends fuhr sie über die Grenze, um in Belgien zu schwofen: „Die im Norden verstehen sich aufs Feiern ..." Aber aufs Reisen war sie richtig wild. Bald geht es nach Oklahoma.

Im Krankenhaus ist es eiskalt, alle husten.

Die Augenärztin sagte heute früh, anders, als man es mir gesagt habe, sei es sehr häufig, dass beim Anbringen eines Venenkatheters die Lunge angestochen wird. Ich fragte sie, ob die Knötchen sich auf den Sehnerv setzen würden, sie sagte: „Nein, auf die Hornhaut." Untersuchung des Augenhintergrunds mit erweiterter

Pupille ohne aufgesetztes Kontaktglas, ich habe fast keine Angst mehr davor. Offenbar keine Verbesserung, sie möchte noch mal zehn Tage Intensivbehandlung. Ich schenke ihr mein Buch, *Blinde*, mit einer Widmung: „Die Erklärung einer fixen Idee?“ Ich frage sie, ob die vom Megalo bewirkte Blindheit weiß ist oder schwarz. Sie antwortet: „Veränderlich, je nach Vordringen des Virus.“ Sie will mir eine Brille bestellen, damit ich wieder lesen kann.

Hier gibt es nichts: weder Löffel noch Zucker noch Kaffeeschale, weder Kissenbezug noch Heizung, weder Stoffserviette noch Papierserviette, es ist wie in Russland, oder wie in der Villa Medici[2].

1. Oktober

Heute früh bittet eine leise, dünne Männerstimme, überhaupt nicht aggressiv, die madegassische Putzfrau, in dem Mülleimer, den sie gerade leert, ein kleines Notizbuch zu suchen, das er wohl unabsichtlich weggeworfen hat oder das sein Zimmergenosse, er will aber niemanden beschuldigen, aus Böswilligkeit weggeworfen hat. Die madegassische Putzfrau will jedoch nichts davon wissen: „Mülleimer ist Mülleimer“, sagt sie, „was mal drin ist, kommt nicht mehr raus.“ „Wissen Sie“, sagt die leise, dünne Stimme noch bescheide-

[2] Villa Medici: *Die Académie de France à Rome*, der Villa Massimo vergleichbare Kultureinrichtung in Rom, wo Hervé Guibert sich 1987 als Stipendiat aufgehalten hatte. [Anm. d. Ü.]

ner, „das waren Notizen, die ich mir nebenbei gemacht habe und die wirklich niemanden auf der Welt interessieren können, außer mich selbst."

Meine Verfassung besserte sich ganz allmählich, langsam wie eine Schnecke am Fuß eines Berges. Und dann kam die Sozialarbeiterin und sagte, ich solle nicht Donnerstag entlassen werden, sondern am Dienstag darauf.

2. Oktober

Noch ein Tag totzuschlagen. Ein Tag voller Quasiverzweiflung. Das Einzige, was mir ein klein wenig Vergnügen bereitet, ist, mich in dieses weiche Bett zu legen.

Letztwillige Verfügungen: Einäscherung, schnellstmöglich. Keinerlei religiöse Zeremonie, keine Zusammenkunft von Freunden oder Familie bei der Kremierung, keine Musik. Die Asche in den ersten besten Mülleimer schmeißen.

3. Oktober

Verfassung heute ein klein wenig besser. H., der mich heute früh besucht hat, sehr smart, weißes Hemd, gepunktete Krawatte, Dreiteiler und Trenchcoat, schwarze Schultertasche, in aller Eile vor Praxisöffnung, meint, das sei die einsetzende Wirkung des Prozac, er sagt, das brauche zwischen zehn und zwanzig Tagen, wir rechnen nach, vor dreizehn Tagen habe ich die erste Kapsel genommen. Wenn es mir nur weiterhilft. Ich war die letzten Tage so runter.

Gestern früh im Flur der Radiologie, nackt auf einem Rollwagen sitzend, den Unterleib mit einem Tuch verhüllt, ein junger Mann voller getrocknetem Blut. Ein weißes Pflaster an der Wirbelsäule. Offenbar hat man ihm eine Punktion gemacht. Er will sich nicht hinlegen, er stemmt sich dagegen, die Arme hinter dem Körper aufgestützt. Alles an diesem Körper ist überwältigend schön: Kraft und Zartheit, der Ansatz der Arme an den Schultern ... die wiedergefundene erotische Regung gibt mir ein wenig Leben zurück in diesem Totenbrunnen.

Der Krankenträger neulich, der mich zur Augenuntersuchung bringt, dabei brauche ich ihn gar nicht, ich kann gut selber gehen, zeigt sich überaus irritiert von meinem blauen Hut, ich soll ihn absetzen, er sagt: „Den brauchen Sie doch nicht beim Augenarzt." Ich antworte: „Was hat Ihnen denn mein Hut getan?" Das stellt ihn nicht zufrieden. Erst mit einer falschen Erklärung für das Rätsel kann ich ihn beruhigen: „Ich friere am Kopf."

„Was machen Sie denn bloß mit den ganzen Thermometern, die wir Ihnen hierlassen?", fragt der hübsche große Kerl mit dem kleinen Brilli im Ohr. „Ich esse die." Er sagt: „Ah, Sie stehen auf Quecksilber?"

Wenn ich das linke Auge schließe und nur noch mit dem rechten schaue, verschwindet der betrachtete Gegenstand langsam von unten nach oben, am Ende ist er unsichtbar, inexistent.

Ein ganz klein bisschen in den Jungen mit den Thermometern verliebt. Das tut wohl. Er ist schwul.

4. Oktober

Mit Z., die mich neulich besucht, sie bringt mir einen zugleich lieb und bedrohlich dreinschauenden Stoffaffen mit Boxhandschuhen mit, unterhalte ich mich über Erd- versus Feuerbestattung. Sie hat ihre Mutter beerdigt, die eigentlich verbrannt werden wollte, es aber nicht schriftlich festgehalten hatte. Z. gefällt die Tradition der drei Tage Wartezeit, damit der Tote Zeit hat zu gehen. Man stellt eine brennende Kerze hinter seinen Kopf. Man wäscht ihn nicht, man schminkt ihn nicht, man lässt ihn in der Kleidung, in der man ihn tot vorgefunden hat. Keine Heizung natürlich, aber auch kein Luftzug. Bei der Beerdigung begleiten ihn die Freunde bis zum Grab, werfen ihm Blumen hinterher, versammeln sich dann in der Kneipe, wo jeder warm über den Verstorbenen spricht. All das ist etwas ganz anderes als die in den ersten besten Mülleimer geschmissene Asche.

Der Nachmittag zieht sich hin. Es lebe die Nacht, das Vergessen.

Schweigen, geschlossene Augen. Unerträgliches Radio.

Ich habe den Fotoapparat nicht mitgebracht.

5. Oktober

Nebel. Nichts zu sehen außer dem Neonlicht über der Einfahrt zu einer Garage. Die Sonne steht am Himmel, knallt auf die Fenster. Aber heute Nacht, erzählen sich die Pflegehelferinnen, wird große Kälte erwartet.

6. Oktober

Nichts. Sonntag. Am Ende vom Krankenhaus besiegt?

Versuch, wieder ein bisschen zu lesen, ohne allzu große Schwierigkeiten (*Wanderungen mit Robert Walser* von Carl Seelig), welche Wonne!

Habe das Lesen derart entbehrt, dass ich übertreibe, forciere, schlinge.

7. Oktober

Schlecht geschlafen. Ich lese, im Sessel in der Sonne sitzend, während der Tropf läuft. Albträume wegen dieses Venenkatheters, der T. gestern mit all den Schläuchen und Verzweigungen so beeindruckt hat, als er mich bat, ihn mal sehen zu lassen. Ich weiß erst seit gestern, dass ich weder duschen noch baden werde können, wenn die Nadel herausgezogen ist, höchstens einmal pro Woche.

Heute früh in der Röntgenabteilung eine ungeschickte Bewegung beim Aufstehen aus dem Sitz, ich fiel auf die Knie. Ein alter Mann, er sah ein wenig aus wie ein Rom, sagte, ich müsse mehr essen.

8. Oktober

Ich lese (erst heute, zufällig), dass das DHPJ, das Virustatikum, das ich jeden Tag per Infusion bekomme, die Sperma-Produktion ein für alle Mal abstellt, aber was soll Wichse mir noch wichtig sein.

Das Quietschen eines Rollwagens erinnert an Vogelgesang.

Unter Nebenwirkungen im Beipackzettel: „Anormale Träume." Ich träume mit einigen Tagen Abstand von zwei nackten Frauen, die sich auf meinen ausgezehrten Leib legen.

Entlassung. APD = ambulanter Pflegedienst, Versorgung zu Hause. Der absolute Horror: Drehtüreffekt (Jargon für Rehospitalisierung).

Im Dunkeln schreiben?
Bis zum Ende schreiben?
Schluss machen, um der Todesangst zu entgehen?

BIOGRAFIE ALS MATERIAL DER FIKTION

Nachwort des Übersetzers

Schon als junger Mann war Hervé Guibert (1955–1991) eine markante Erscheinung im Pariser Kulturleben, zunächst mit seinen Film- und Fotografiekritiken u.a. für *Le Monde*, bald auch selbst als Fotograf und als Drehbuchautor (L'HOMME BLESSÉ – DER VERFÜHRTE MANN mit Patrice Chéreau, 1983). In seiner eigenen fotografischen Produktion stellte er VIPs der Kulturszene als private Menschen dar und setzte Unbekannte so in Szene, wie es sonst Prominenten zuteilwird. Typisch dafür ist sein Buch mit Fotoporträts seiner beiden Großtanten (*Suzanne et Louise. Roman-Photo*, 1980), eine Auflösung der Grenze zwischen Privatsphäre und öffentlicher Persona.

Grenzauflösung ist ein durchgehendes Motiv auch im literarischen Schaffen Guiberts. Das drastischste Beispiel für seine Art und Weise, Erotik und Gewalt miteinander zu verknüpfen, ist der Roman *Vous m'avez fait former des phantômes* von 1987 (nicht ins Deutsche übersetzt, der Titel, etwa „Wegen Euch habe ich Fantome herangezogen", ist ein Zitat aus einem Brief des Marquis de Sade an seine Frau). Hier werden pädophile Erotik und Schilderungen blutiger, menschenopfer-artiger Metzeleien miteinander verbunden. Kein Werk des Autors hat so viel Kritik hervorgerufen wie dieses. In seiner pornografischen Dimension reicht es an Pier Paolo Pasolinis Film DIE 120 TAGE VON

SODOM (1975) heran, in seiner politischen gewiss nicht, obwohl sie durchaus vorhanden ist.

Von Anfang an aber, schon in seinem Erstling, dem Roman *La Mort propagande* (etwa „Der Propaganda-Tod") von 1977, benutzt Guibert auch autobiografisches Material für eine grenzüberschreitende Darstellung erotischer und existenzieller Erfahrungen und Fantasien. Er imaginiert den eigenen Tod, später die Autopsie seines Körpers: „In der Nacht vom 6. zum 7. März 19... wurde H. G. tot in seinem verwüsteten Zimmer aufgefunden, in seinem Blut schwimmend."[1]

Einmal zeigt dieses Szenario, dass die umstandslose Einordnung von Guiberts Schreiben in die Schublade „Autofiktion" irreführend ist. Wir haben es mit Fiktion zu tun. Auch in den späteren Romanen um seine HIV-Infektion und die Aidserkrankung wird das so sein; dort entspricht z.B. die Schilderung medizinischer Umstände nicht immer den medizinischen Fakten, sondern hat eine narrative und ästhetische Funktion.

An *La Mort propagande* ist auch zu sehen, dass von Anfang an die Entgrenzung, die Mittel und Ziel des Erzählens darstellt, nicht nur durch Tabubrüche in sexueller Hinsicht und Brutalität erlangt wird, sondern auch in der schonungslosen Offenlegung intimer Erfahrungen, Wünsche und Fantasien. Das Objekt dieses „Verrats" ist hier der Autor als Erzähler selbst.

Ähnlich verhält es sich in *Dem Freund, der mir das Leben nicht gerettet hat* (frz. 1990, dt. 1991), nur dass dort

[1] Hervé Guibert, *La Mort propagande, et autres textes de jeunesse*, Paris: R. Deforges 1991, Ü. d. A.

auch öffentlich bekannte Personen als Freund:innen und Geliebte des Autors unter schnell durchschaubaren Aliasnamen literarisch auftreten. So „verrät" Guibert seinen engen Freund, den Philosophen Michel Foucault, indem er Aids als dessen Todesursache benennt und dadurch mit dem allgemeinen Konsens bricht, bemäntelnd von Krebs zu reden. Das ist eine Äußerung der von Guibert praktizierten radikalen literarischen Ehrlichkeit, deren Intention eine ästhetische und existenzielle ist, keine reißerische, auch wenn das zumal in Frankreich, wo man immer auf Schlüsselromane scharf ist, teilweise so gesehen wurde. Allerdings spielt Guiberts ästhetisches Programm virtuos mit den Erwartungen, die der Kulturbetrieb an ihn richtet. Sie werden so selbst Teil seiner Poetik. Dennoch steht vorrangig ein künstlerisches Prinzip dahinter: In *Dem Freund, der mir das Leben nicht gerettet hat* sagt der Erzähler: „[E]s gehörte nun einmal dazu, dass ich, der ich in all meinen Büchern so vorgegangen war, Verrat an meinen Geheimnissen beging"[2] – und an denen der anderen.

Guiberts Tod jährt sich zum dreißigsten Mal. Es ist in Ländern mit entsprechend entwickeltem Gesundheitssystem beinahe nur noch eine Erinnerung, dass die Infektion mit dem HI-Virus etliche Jahre lang fast unausweichlich eine vernichtende Krankheit nach sich zog, eine brutale physische Verwüstung, begleitet nur allzu häufig von einem sozialen Tod zu Lebzeiten.

[2] Hervé Guibert, *Dem Freund, der mir das Leben nicht gerettet hat*, Berlin: August Verlag 2021, S. 204.

Die heute verfügbaren antiretroviralen Medikamente erlauben es, das Virus im Körper bis zur Nichtnachweisbarkeit zu unterdrücken, sodass sich das Immundefektsyndrom nicht entwickeln kann.

In den Jahren von Guiberts Erkrankung wurden in den Vereinigten Staaten die ersten gegen das HI-Virus wirksamen Medikamente zugelassen. In *Dem Freund, der mir das Leben nicht gerettet hat*, mit dem Hervé Guibert weithin bekannt wurde, einer der ersten literarischen Verarbeitungen des Themas Aids, geht es um ein geheimnisvolles neues Mittel, das ein amerikanischer Freund dem schwer Erkrankten zur Verfügung zu stellen verspricht, dieses Versprechen aber nie hält. *Mitleidsprotokoll* (frz. 1991, dt. 1992) schildert anschließend den realen Einsatz noch nicht zugelassener Mittel nach einem Behandlungsprotokoll, das eben nicht auf medizinischer Erprobung beruht, sondern auf Hoffnung für den rettungslos Kranken. *L'homme au chapeau rouge* (1992, „Der Mann mit dem roten Hut", liegt auf Deutsch nicht vor) schließlich, der letzte Band dieser „Aids-Trilogie", befasst sich neben der weiteren Krankengeschichte damit, wie der Autor durch seine Romane und die Reaktion der Medien darauf zur öffentlichen Figur wird.

Mit seiner Schreibbiografie war Hervé Guibert bestürzend gut darauf vorbereitet, auf der Folie der eigenen Erfahrung über HIV und Aids zu schreiben. Die Grenze zwischen dem ins Private Geschobenen und dem öffentlich Gemachten hatte er ohnehin eingerissen. Jetzt war diese Krankheit aufgekommen, die Begehren, Sexualität, brutale Zerstörung des Körpers und Todesaussicht zusammenzwang, auf eine ähnlich unerhörte Weise, wie Guibert das zuvor schon in seinen Texten getan hatte. Eine wohl poetologisch lesbare Stelle aus *Dem Freund* verweist auf diese narrative Symbiose, die eigentlich eine grandiose Zumutung ist, zumal für den, der sie durchlebt: Aids werde für ihn „ein Paradigma in meinem Projekt der Selbstenthüllung und des Aussprechens des Unsagbaren gewesen sein".[3]

Über Aids schreibt Guibert dort in erschütternder Souveränität, es sei „eine Krankheit in Stufen, eine sehr lange Treppe, die mit Sicherheit zum Tod führt, aber deren jede Stufe ein Lernen ohnegleichen bedeutet, es ist eine Krankheit, die Zeit zum Sterben gibt, und die dem Tod Zeit zum Leben gibt, Zeit, die Zeit zu entdecken und endlich das Leben zu entdecken".[4]

Das Biografische kam bei ihm immer fiktionalisiert aufs Papier – in Auseinandersetzung: durch inhaltliche Elemente, durch seinen Stil von strenger, poetischer Schönheit, durch die erzählerische Aufbereitung. Das gilt genauso für *Zytomegalievirus*, dieses „Krankenhaustagebuch" mit seinem diaristischen Gestus inklusive Nennung der Daten. Die Infektion mit mit dem titelgebenden Virus oder dessen durch die Schwächung des Immunsystems begünstigte Reaktivierung nach langer Symptomfreiheit als Gesunder ist ein drastischer Moment im Verlauf einer Aidserkrankung. Das Virus kann innere Organe befallen,

[3] Ebd., S. 251.
[4] Ebd., S. 181.

eine schwere Form der Lungenentzündung ist typisch, es droht Erblindung.

Die Tagesabläufe in der Klinik, die geradezu autonom und wie gegen den Behandelten ablaufenden medizinischen Mechaniken, die ihn fast ebenso zum Objekt machen wie die Krankheit selbst, und auch die körperlichen Erscheinungen werden in grimmiger Wut, bisweilen spöttisch, aber auch voll beinahe gelassener Todesgewissheit protokolliert, um zugleich den ästhetischen Widerstand gegen die Vergänglichkeit zu formulieren, bis in die letzten Zeilen hinein, die auch den Wunsch nach einem selbstbestimmten Lebensende enthalten.

Zwei Monate nach dem letzten Eintrag in *Zytomegalievirus* unternahm Hervé Guibert tatsächlich einen Suizidversuch, dessen Folgen er zwei Wochen später erlag, kürzlich 36 Jahre alt geworden. Die Kraft und der Mut, die Schönheit und die Drastik seines literarischen Projekts, nicht zuletzt angesichts der tödlichen Krankheit, wirken dreißig Jahre danach fort. Daher rührt wohl auch das schon vor der Coronapandemie wiedererwachte Interesse an seinen Büchern in den USA, in Frankreich, wie auch bei uns. Neben einer Neuausgabe von *Dem Freund, der mir das Leben nicht gerettet hat* erscheint diesem Interesse folgend nun auch das kurze und weniger romanhafte „Krankenhaustagebuch“ erstmals in deutscher Übersetzung. In ihm nimmt uns Guibert an den Rand einer der äußersten *Stufen des Lernens ohnegleichen* mit.

Hinrich Schmidt-Henkel, Sommer 2021

IMPRESSUM

Zytomegalievirus erscheint im August Verlag. Der August Verlag ist ein Forum für Theorie im Schnittpunkt von Philosophie, Politik und Kunst. Der August Verlag ist ein Imprint von Matthes & Seitz Berlin.

Titel der Originalausgabe:
Cytomégalovirus. Journal d'hospitalisation

August Verlag
august@augustverlag.de
www.augustverlag.de

Erste Auflage Berlin 2021

Gestaltung: Selitsch Weig nach einem Entwurf von Christoph Stolberg
Satz: Selitsch Weig
Druck: GGP Media GmbH, Pößneck

Die Deutsche Nationalbibliothek verzeichnet diese Publikation in der Deutschen Nationalbibliografie; detaillierte bibliografische Daten sind über http://dnb.d-nb.de abrufbar

Printed in Germany

ISBN 978-3-941360-87-7

BISHER ERSCHIENEN

Georges Canguilhem
DIE ERKENNTNIS DES LEBENS
ISBN 978-3-941360-00-6

Marietta Kesting,
Aljoscha Weskott (eds.)
SUN TROPES
Sun City and (Post-)Apartheid
Culture in South Africa
ISBN 978-3-941360-04-4

Anselm Haverkamp
BEGREIFEN IM BILD
Methodische Annäherung an die Aktualität der Kunst (Antonello da Messina, August Sander)
Kleine Edition 1
ISBN 978-3-941360-02-0

Barbara Vinken
EINE LEGENDE DER MODERNE
Flauberts *Einfaches Herz*
Flaubert Lectures I
Kleine Edition 2
ISBN 978-3-941360-03-7

Volker Pantenburg
RÄNDER DES KINOS
Godard – Wiseman – Benning – Costa
Kleine Edition 3
ISBN 978-3-941360-08-2

Jacques Rancière
DER HASS DER DEMOKRATIE
Kleine Edition 24
ISBN 978-3-941360-01-3

Alain Badiou
KLEINES TRAGBARES
PANTHEON
ISBN 978-3-941360-06-8

Maria Muhle, Kathrin Thiele (Hg.)
BIOPOLITISCHE
KONSTELLATIONEN
ISBN 978-3-941360-05-1

Jean Starobinski
GESCHICHTE DER
MELANCHOLIEBEHANDLUNG
ISBN 978-3-941360-09-9

Thomas Khurana,
Christoph Menke (Hg.)
PARADOXIEN DER AUTONOMIE
Freiheit und Gesetz I
ISBN 978-3-941360-10-5

Juliane Rebentisch,
Dirk Setton (Hg.)
WILLKÜR
Freiheit und Gesetz II
ISBN 978-3-941360-11-2

Christoph Menke
RECHT UND GEWALT
Kleine Edition 4
ISBN 978-3-941360-14-3

Jonathan Culler
WHY FLAUBERT?
and Jacques Neefs
LOVE, GODS, WARS
A Modern Epic Prose
Flaubert Lectures II
Kleine Edition 5
ISBN 978-3-941360-15-0

Thomas Schestag
REALABSENZ, SCHATTEN
Flauberts Erziehung:
Zur *Education Sentimentale*
Flaubert Lectures III
Kleine Edition 6
ISBN 978-3-941360-16-7

Jalal Toufic
VOM RÜCKZUG DER TRADITION NACH EINEM UNERMESSLICHEN DESASTER
Kleine Edition 7
ISBN 978-3-941360-24-2

Branden W. Joseph
THE *ROH* AND THE COOKED
Tony Conrad and Beverly Grant in Europe (with an Essay by Tony Conrad)
ISBN 978-3-941360-18-1

Alexander García Düttmann
NAIVE KUNST
Ein Versuch über das Glück
Kleine Edition 8
ISBN 978-3-941360-13-6

Alain Brossat
PLEBS INVICTA
Kleine Edition 9
ISBN 978-3-941360-07-5

Jacques Rancière
UND DAS KINO GEHT WEITER
Schriften zum Film
ISBN 978-3-941360-19-8

Anselm Haverkamp
DIE ZWEIDEUTIGKEIT DER KUNST
Zur historischen Epistemologie der Bilder
Kleine Edition 10
ISBN 978-3-941360-23-5

Beate Söntgen, Gabriele Brandstetter
RENAISSANCEN DER PASSION
Flaubert Lectures IV
Kleine Edition 11
ISBN 978-3-941360-22-8

Isabelle Graw, Peter Geimer
ÜBER MALEREI
Eine Diskussion
Kleine Edition 12
ISBN 978-3-941360-28-0

Jacques Rancière
BÉLA TARR. DIE ZEIT DANACH
Kleine Edition 13
ISBN 978-3-941360-26-6

Björn Quiring (Hg.)
THEATRUM MUNDI
Die Metapher des Welttheaters von Shakespeare bis Beckett
ISBN 978-3-941360-17-4

Georges Canguilhem
DAS NORMALE UND DAS PATHOLOGISCHE
ISBN 978-3-941360-20-4

Thomas Khurana (Hg.)
THE FREEDOM OF LIFE
Hegelian Perspectives
Freiheit und Gesetz III
ISBN 978-3-941360-21-1

Eva Horn, Michèle Lowrie (Hg.)
DENKFIGUREN / FIGURES OF THOUHGT
Für / For Anselm Haverkamp
ISBN 978-3-941360-32-7

Andreas Fischer-Lescano
RECHTSKRAFT
Kleine Edition 14
ISBN 978-3-941360-29-7

Simon Rothöhler
HIGH DEFINITION
Digitale Filmästhetik
Kleine Edition 15
ISBN 978-3-941360-25-9

Stefanos Geroulanos, Todd Meyers
EXPERIMENTE IM INDIVIDUUM
Kurt Goldstein und die Fragen
des Organismus
Kleine Edition 16
ISBN 978-3-941360-30-3

Rüdiger Campe, Christoph Menke,
Anselm Haverkamp
BAUMGARTEN-STUDIEN
Zur Genealogie der Ästhetik
ISBN 978-3-941360-38-9

Friedrich Balke, Rembert Hüser
REISEN MIT KAFKA
Paris, Weimar
Kleine Edition 17
ISBN 978-3-941360-39-6

Jacques Lacan
STRUKTUR. ANDERSHEIT.
SUBJEKTKONSTITUTION
Lacanian Explorations I
Kleine Edition 18
ISBN 978-3-941360-37-2

Leon Filter
BIEGEN
Mit einem Essay von Helmut Draxler
Kleine Edition 19
ISBN 978-3-941360-36-5

Volker Pantenburg u.a. (Hg.)
WÖRTERBUCH
KINEMATOGRAFISCHER
OBJEKTE
ISBN 978-3-941360-33-4

Jacques Rancière
DIE WÖRTER DER GESCHICHTE
Versuch einer Poetik des Wissens
ISBN 978-3-941360-42-6

Slavoj Žižek
THE WAGNERIAN SUBLIME
Four Lacanian Readings of
Classic Operas
Lacanian Explorations II
Kleine Edition 20
ISBN 978-3-941360-41-9

Volker Pantenburg (ed.)
CINEMATOGRAPHIC OBJECTS
Things and Operations
ISBN 978-3-941360-34-1

Frédéric Paul
SARAH MORRIS
CAPITAL letters read better for Initials
ISBN 978-3-941360-46-4

David Joselit
NACH KUNST
ISBN 978-3-941360-47-1

Alexander García Düttmann
GEGEN DIE SELBSTERHALTUNG
Ernst und Unernst des Denkens
ISBN 978-3-941360-49-5

Eva Geulen
AUS DEM LEBEN DER FORM
Goethes Morphologie und die Nager
ISBN 978-3-941360-40-2

Daniel Loick
DER MISSBRAUCH DES
EIGENTUMS
Kleine Edition 21
ISBN 978-3-941360-54-9

Georges Canguilhem
REGULATION UND LEBEN
Kleine Edition 22
ISBN 978-3-941360-43-3

Maria Muhle, Christiane Voss (Hg.)
BLACK BOX LEBEN
ISBN 978-3-941360-44-0

Astrid Deuber-Mankowsky
QUEERES POST-CINEMA
Yael Bartana, Su Friedrich, Todd Haynes, Sharon Hayes
Kleine Edition 25
ISBN 978-3-941360-55-6

Felix Trautmann (Hg.)
DAS POLITISCHE IMAGINÄRE
Freiheit und Gesetz V
ISBN 978-3-941360-31-0

Eric L. Santner
GESETZ UND PARANOIA
Freud, Schreber und die Passionen der Psychoanalyse
Lacanian Explorations III
ISBN 978-3-941360-53-2

Christoph Menke
RECHT UND GEWALT
Erweiterte Neuauflage
Kleine Edition 26
ISBN 978-3-941360-14-3

Richard Baxstrom, Todd Meyers
VIOLENCE'S FABLED EXPERIMENT
Kleine Edition 27
ISBN 978-3-941360-57-0

Christoph Menke
AM TAG DER KRISE
Kolumnen
Kleine Edition 29
ISBN 978-3-941360-62-4

Anne von der Heiden, Sarah Kolb (Hg.)
LOGIK DES IMAGINÄREN
Diagonale Wissenschaft nach Roger Caillois
Band 1: Versuchungen durch Natur, Kultur und Imagination
ISBN 978-3-941360-58-7

Katja Müller-Helle (ed.)
THE LEGACY OF TRANSGRESSIVE OBJECTS
ISBN 978-3-941360-64-8

Samo Tomšič
THE LABOUR OF ENJOYMENT
Towards a Critique of Libidinal Economy
Lacanian Explorations IV
ISBN 978-3-941360-56-3

Gilles Deleuze, Claire Parnet
DIALOGE
ISBN 978-3-941360-48-8

Anne Sauvagnargues
ETHOLOGIE DER KUNST
Deleuze, Guattari und Simondon
Kleine Edition 30
ISBN 978-3-941360-60-0

Eric Fassin
REVOLTE ODER RESSENTIMENT
Über den Populismus
Kleine Edition 31
ISBN 978-3-941360-68-6

Jörg Dünne
KOSMOGRAMME
Geohistorische Skalierungen romanischer Literaturen
Kleine Edition 32
ISBN 978-3-941360-69-3

Christian Maurel
FÜR DEN ARSCH
Mit einem Essay von Peter Rehberg
Kleine Edition 28
ISBN 978-3-941360-63-1

Anna Häusler, Elisabeth Heyne,
Lars Koch, Tanja Prokić
VERLETZEN UND BELEIDIGEN
ISBN 978-3-941360-70-9

Jörg Kreienbrock
DAS MEDIUM DER PROSA
Studien zur Theorie der Lyrik
ISBN 978-3-941360-66-2

Ludger Schwarte
DENKEN IN FARBE
Zur Epistemologie des Malens
ISBN 978-3-941360-71-6

Henning Trüper
SEUCHENJAHR
Kleine Edition 33
ISBN 978-3-941360-83-9

Hanna Hamel
ÜBERGÄNGLICHE NATUR
Kant, Herder, Goethe und
die Gegenwart des Klimas
ISBN 978-3-941360-80-8

Peer Illner (ed.)
UNWORKING
ISBN 978-3-941360-67-9

Gilles Châtelet
LEBEN UND DENKEN WIE
DIE SCHWEINE
ISBN 978-3-941360-79-2

Didider Debaise
VOM REIZ DES MÖGLICHEN
Natur als Ereignis
ISBN 978-3-941360-78-5

Martina Dobbe und
Francesca Raimondi (Hg.)
SERIALITÄT UND
WIEDERHOLUNG:
REVISITED
ISBN 978-3-941360-75-4

Johanna Bussemer, Katja Kipping
GREEN NEW DEALS
ALS ZUKUNFTSPAKT
Die Karten neu mischen
Kleine Edition 37
ISBN 978-3-941360-88-4

Hanna Sohns und
Johannes Ungelenk (Hg.)
BERÜHREN LESEN
ISBN 978-3-941360-84-6

HERVÉ GUIBERT IM AUGUST VERLAG

Hervé Guibert

DEM FREUND, DER MIR DAS LEBEN NICHT GERETTET HAT

Aus dem Französischen von Hinrich Schmidt-Henkel

Format 11 × 18
272 Seiten
Deutsch
1. Auflage 2021
ISBN 978-3-941360-86-0

In erschütternder Klarheit schildert *Dem Freund, der mir das Leben nicht gerettet hat* eine Aidserkankung in der zweiten Hälfte der 1980er Jahre. Wir erfahren von den fortschreitenden Verheerungen der Krankheit, den Reaktionen der Freunde und Freundinnen und immer wieder von den Versprechen auf Heilung, an die sich der Erzähler klammert, wie von der tiefen Verzweiflung, in die ihn ihre Enttäuschung stürzt.

1990 erschienen, löste das Buch in Frankreich einen Skandal aus. In der Figur des Muzil wurde der Philosoph Michel Foucault erkannt, von dessen letzten Monaten der Roman ebenfalls erzählt und dessen Aidstod er enthüllte. Hervé Guibert setzte sein Schreiben über das Lebens mit der Krankheit in zahlreichen Texten fort, die vielfach erst nach seinem Tod 1991 veröffentlicht wurden. Wie wenige andere Autoren rang er mit den Möglichkeiten der Sprache, um den Bedeutungen des Krankseins Ausdruck zu verleihen.

„Eine Beschwörung der frühen Tage der Epidemie, in denen schwule Männer dazu gezwungen waren, ihre eigenen Wissenschaftler, Lobbyisten und Archivisten zu werden."

Parul Sehgal, *The New York Times*